À LA POURSUITE DES PÉPITES

À LA POURSUITE DES PÉPITES

Jean-Charles Berthier

Illustré par Éric Héliot

ACTES SUD
jeunesse

CHAPITRE

1

Mon nom est Madeline Barrow.

Je suis la fille de James Barrow. Mon père est l'un des premiers colons à avoir bâti une maison sur les terres arides où nous vivons.

Contrairement aux hommes de son âge, il a couru le risque de tout abandonner en posant ses valises ici, au milieu de ces collines hostiles. Avec moi. Contrairement aux autres filles du pays, je porte un large chapeau à bords plats ainsi qu'une paire de bottes trop serrées, et mon univers tient dans cette nature sauvage et envoûtante. Je n'ai pas choisi, pour tout dire. C'est comme si j'étais née… là… à l'intérieur de cette grange, dans la dureté du foin piquant. J'y ai passé presque toute mon enfance, entourée des troupeaux.

Notre ferme a grandi en même temps que moi. Elle est située à moins d'un mile au nord de la toute petite ville de Spruce Creek, qui a elle-même poussé avec la découverte des premières pépites d'or, au milieu d'une vallée ventée que personne n'a pris la peine de baptiser. Mon père a racheté cette bicoque peu de temps après la mort de ma mère, sans vraiment savoir où cela nous mènerait. Il s'est improvisé fermier du jour au lendemain, pendant que les prospecteurs d'or s'installaient sur les berges de la rivière. Pendant que

d'autres encore sont devenus quincaillier, cuisinier ou bien dentiste. Je n'imagine pas vivre ailleurs qu'ici, avec lui, même s'il me considère toujours comme une fillette et me laisse peu d'initiatives. Ulysse et Ted, les deux gaillards qu'il emploie à la ferme, sont devenus mes amis. Ulysse Ferney est un vacher expérimenté, fils d'un ancien esclave. Ted Lockley, un vagabond, arrivé à la fin de l'automne dernier, qui a trouvé dans cette fonction l'occasion de s'évader d'un quotidien rythmé par la faim et l'insécurité.

Depuis le jour où il a accordé sa confiance à Ted et Ulysse, mon père n'a jamais eu une seule raison de douter de l'un d'eux. Pourtant, un événement aurait pu tout changer. Un événement auquel personne ne s'attendait.

CHAPITRE

2

C'est arrivé au lendemain d'une chaude nuit d'été. Il y avait eu de l'agitation au ranch. Les cris des coyotes avaient effrayé les longhorns[1], et mon père avait dû partir à cheval au lever du jour pour rassembler le troupeau dispersé. Une vingtaine de bêtes tout au plus, mais il n'était pas question de faire une telle offrande aux charognards. Les longhorns ne survivent

1. Vaches d'Amérique qui portent de très longues cornes.

pas dans nos collines, et il en avait déjà fait l'expérience. Il avait donc donné à Ted et Ulysse la charge de s'occuper du reste des animaux, et m'avait confié la garde de la maison ainsi que les tâches quotidiennes.

En fin de matinée, après leur travail à la ferme, ses deux employés étaient allés en ville pour acheter quelques provisions et faire réparer une paire d'étriers. Alors que le jour s'avançait, je me suis inquiétée de ne pas les voir revenir. J'ai donc décidé d'enfourcher à mon tour un cheval et de partir à leur recherche.

La ville était déserte, comme chaque après-midi par cette chaleur accablante. Mais l'atmosphère était particulièrement pesante. Mme Lancaster, la propriétaire du saloon, se tenait à l'ombre, sur un côté de la rue. Seule. Je la reconnaissais à sa silhouette fine et à son élégant gilet bleu nuit. D'après les dires, Mme Lancaster était l'une des rares femmes de ce territoire à posséder un saloon, et cela lui donnait à mes yeux une certaine stature.

Elle observait le portrait dessiné à la hâte sur une affichette qu'on avait accrochée au mur d'une baraque délabrée. Celui d'un homme noir flanqué d'une cicatrice au bas de la joue. C'était un avis de recherche, de ceux qu'on placarde en ville pour attraper les voyous. J'ai d'abord eu un mauvais pressentiment. En m'approchant davantage, mon doute s'est changé en une certitude terrifiante. Cette cicatrice-là, l'homme la devait à un taureau déchaîné qui, un matin d'avril, avait bien failli le tuer. Si je le savais, c'est parce que je ne pouvais confondre ce visage avec aucun autre : c'était celui d'Ulysse.

Mme Lancaster a surpris mon regard teinté d'effroi.

– Madeline… tu l'as reconnu, n'est-ce pas ?

– Qu'est-il arrivé ? j'ai demandé, les lèvres tremblantes.

– Allons, tu n'as pas appris la nouvelle ? Deux individus ont fait irruption dans la maison du marshal ce matin, à l'entrée de la ville. Ils ont dérobé sa réserve d'or. Dix belles pépites. Au moment où le marshal

est revenu, l'un des deux bandits s'est enfui dans les collines, et sa description correspond à Ulysse Ferney. L'autre a pu être arrêté. On l'a conduit à la prison du comté, à quelques miles à l'est d'ici, mais le butin n'a pas été retrouvé.

– Ted… Ted Lockley…, j'ai bredouillé. Ted est en prison !?

Je répétais la dernière phrase tout bas comme pour forcer mon esprit à accepter la vérité. Mme Lancaster avait réalisé que cette histoire me concernait de près.

– La rue parlait d'un Peau-Rouge, elle a précisé. Un garçon de ferme. Si tu veux mon avis, il est mal embarqué.

– Mais comment est-ce possible, madame ?

– Les gens ont faim, ma petite. Et il n'y a plus guère d'or dans la rivière, elle a ajouté d'un ton sarcastique. Finalement, le vol reste le meilleur moyen de s'en procurer.

– Ce n'est pas ce que je voulais dire : je connais Ted, je connais Ulysse. Ce sont les employés de mon père, mais sûrement pas des voleurs, madame.

– Ça, ma belle, je te déconseille d'aller l'expliquer au marshal ou à son adjoint. À moins... (d'un regard, elle a passé en revue les devantures des boutiquiers de la rue)... à moins de trouver un témoin solide... Quelqu'un... qui aurait tout vu.

Mme Lancaster n'a pas donné plus de précisions et, de toute façon, je devinais que cette étrange affaire ne l'avait guère touchée. Mais j'interprétais ses silences comme des aveux : ma théorie ne semblait pas l'avoir franchement étonnée. D'ailleurs, elle me l'a confirmé à demimot, en replaçant ses cheveux épars à l'intérieur de son chapeau.

– Cette ville baigne dans un climat… très malsain. L'or fait perdre la tête aux hommes. On remarque ces choses-là, quand on tient un établissement comme le mien. Il suffit d'observer, il suffit d'écouter.

Puis elle s'en est retournée, de l'autre côté de ses rideaux feutrés.

CHAPITRE
3

Ted et Ulysse rêvaient d'une vie simple. Ils ne montraient aucune attirance pour le précieux métal jaune qui rendait fous les gens de cette contrée. Et c'étaient d'honnêtes citoyens. Ils n'auraient jamais volé cet or, mais il me fallait le prouver. Mon enquête a donc débuté au milieu de cette rue silencieuse, que j'ai remontée d'un pas lourd et incertain.

À proximité de la maison du marshal, l'épicerie était fermée. J'ai frappé quatre coups. La porte s'est ouverte. L'épicier avait une carabine à la main, et l'air franchement méfiant.

– Que veux-tu ? Qui es-tu, d'abord ?

En m'examinant des pieds à la tête, dans mon pantalon poussiéreux et déchiré, il a vite perçu que je n'avais pas l'assurance d'une hors-la-loi et que je partageais son inquiétude.

– Hum… si je ne me trompe pas, tu es la petite Barrow. Retourne chez toi. Tu ne sais donc pas ce qui s'est passé ?

– Si, monsieur, je le sais. C'est pourquoi je suis ici. Puis-je entrer, s'il vous plaît ?

Il a claqué la porte derrière moi. Sur le sol, il n'y avait qu'un sac de farine et trois tonneaux cerclés. Je me demandais ce qu'ils pouvaient bien renfermer. Les rayons de la boutique sombre étaient plutôt clairsemés. Seules quelques provisions

y étaient entreposées : des barils de lait, de la viande fumée et des haricots. Tout cela m'a intriguée.

– On vous a dévalisé, vous aussi ?

– Non, a fait l'homme d'une voix revêche. J'attends un convoi de denrées, il doit arriver d'ici quelques jours.

– Vous avez vu quelque chose ?

– Rien du tout. J'étais dans l'arrière-boutique, je faisais du rangement. J'ai seulement entendu la voix menaçante du marshal lorsqu'il est revenu. Vois-tu, ton père n'aurait pas dû accorder sa confiance à ces deux vauriens. Ils finiront à la potence, et ce sera mérité.

Je n'allais certainement pas laisser faire cela. J'avais assez écouté l'épicier, et il ne m'apprendrait rien d'autre que ce que je savais déjà. Je me suis éclipsée.

J'ai traversé la rue jusqu'à la sellerie de M. Oakes. Il était à l'intérieur, je le voyais derrière les vitres. Et son emplacement me paraissait celui du témoin idéal. Après avoir longuement épié de chaque côté de la rue, il m'a invitée à entrer. Affublé d'une vieille redingote qui perdait sa couleur et s'ouvrait sur une paire de bretelles, le sellier de notre ville était un petit homme à la barbe fleurie.

À la manière de l'épicier, il m'a examinée de haut en bas puis, en voyant mes genoux tout égratignés, il a fini par me prendre en pitié.

– Ma pauvre enfant, regarde donc comme tu es fagotée. Veux-tu que je te raccommode cela ?

– Ce ne sera pas nécessaire, monsieur Oakes. Il y a plus urgent.

– Ça ne prendra que quelques minutes, il a insisté. Je vais te coudre une belle rondelle de cuir.

M. Oakes pensait bien faire, mais je craignais que ses gentilles attentions fussent aussi une manière d'éviter mes questions. J'ai repris plus fermement :

– Une autre fois, si vous le voulez bien.

Là-dessus, j'ai pénétré dans son atelier et je me suis adressée à lui sur un ton grave :

– Je viens de passer une très mauvaise journée, monsieur Oakes.

– À qui le dis-tu ? il a répondu d'un air dévasté. Ces canailles auraient aussi bien pu dépouiller mes réserves de cuir, et figure-toi que je n'en aurais rien su.

– Ah bon ? Et pourquoi donc ?

– Parce qu'il se trouve que j'étais fiévreux, cette nuit. Je ne suis pas venu travailler ce matin. Je n'étais donc pas là quand ces lâches ont commis leur forfait.

Mon visage, à cet instant, reflétait ma déception. Sans le moindre témoin, cette enquête était très mal engagée.

Comme je remontais en selle, mes yeux se sont perdus dans l'immensité désertique qui réduisait notre ville à un grain de sable sur la route de la Californie. Et je n'avais plus guère d'idées, ni personne à qui m'adresser.

Une fois rentrée, lorsque la nuit étoilée est tombée sur les collines, j'étais dans une grande confusion. J'imaginais le pire pour mes deux amis.

Mon père n'aurait pas eu besoin de témoin ni de preuve pour s'adresser au marshal, et le marshal l'aurait sans doute écouté. Mais je n'étais qu'une fille de ferme, rien qu'une gamine de treize ans. À moi, c'est sûr, il m'aurait ri au nez.

CHAPITRE

4

Mon père était parti depuis presque une journée entière et j'ignorais ce qu'il était advenu de son troupeau. Au milieu de la nuit, un bruit m'a réveillée. La fenêtre étant entrouverte, j'ai entendu claquer la porte de la grange. Ce n'était pas lui. Certainement pas. Il montait toujours me prévenir, d'habitude, dès qu'il rentrait. À part moi, il n'y avait donc aucune présence humaine dans la propriété, et le vent d'ici n'avait pas la prétention de faire grincer une aussi lourde porte.

Non.

Un intrus venait de pénétrer dans la ferme.

Sans plus attendre (car je savais que l'attente me paralyserait), j'ai allumé la lampe à pétrole et je suis descendue. J'ai enfilé le gilet d'hiver que mon père pendait toujours à l'entrée, pas pour me réchauffer mais pour me donner du courage, et puis je suis sortie.

C'était d'un calme ! Je me demandais si je devais me fier à mes impressions car, à ce moment-là, je n'avais plus vraiment peur. Je me suis approchée du bâtiment dont la porte était ouverte. Je sentais bel et bien une présence, mais celle-ci ne m'effrayait pas. Même en pleine nuit, même seule ici. Mieux, elle me rassurait. Mais si c'était quelqu'un d'autre que celui que j'attendais ?

Je me suis arrêtée sur le seuil. J'ai d'abord avancé la lampe dans l'air suffocant de la grange. Puis j'ai fait un pas à l'intérieur. D'un mouvement lent, mon bras a obliqué sur la droite. Je ne m'étais pas trompée : Ulysse était recroquevillé là, contre le mur de bois, tel un enfant apeuré.

J'ai posé la lampe sur le sol afin de pouvoir refermer la porte. Et j'ai mis ma main sur son épaule en prononçant des paroles simples que j'espérais apaisantes.

– Ne crains rien, c'est moi.

Il a relevé la tête. Ses yeux luisants reflétaient une terreur profonde.

– Il n'y a personne avec toi ?

– Non, tu es en sécurité. Tu vas tout me raconter, à présent.

Avec Ulysse, nous avions cette loyauté mutuelle. Il savait qu'il pouvait compter sur ma discrétion, aussi s'est-il expliqué :

– Écoute-moi bien, Madeline. J'ai vu de mes yeux les brigands qui ont fait ça. Jamais je ne les avais croisés en ville, avant ce matin. Ils ont dû arriver avec le dernier convoi de ravitaillement.

L'intonation de sa voix portait un brin d'espoir, mais la tension de ses phrases trahissait une urgence absolue.

– Quand nous sommes passés devant la maison du marshal, les deux bandits s'étaient déjà précipités sur leurs chevaux, direction la rivière. Ils avaient dû mettre le butin dans leurs selles. Je ne savais pas quoi faire, mais tu connais Ted, il a voulu entrer pour s'assurer que personne n'avait été blessé. Je lui ai dit que c'était une mauvaise idée, qu'on serait vus comme leurs complices si quelqu'un nous surprenait ici car on n'avait aucune raison d'y être. Je l'ai supplié de s'enfuir avec moi, mais il

a refusé. Et lorsque le marshal est apparu, j'ai juste eu le temps de grimper sur mon cheval.

Le pauvre Ulysse tremblait. Il tremblait de fatigue, mais pas seulement.

– Tu as faim, Ulysse. Je suis sûre que tu as faim.

– Ça ne presse pas.

– Laisse-moi t'apporter un verre de lait et quelques biscuits.

– Je dois m'en aller, Madeline. Le marshal et son adjoint vont sillonner les environs pour me coincer. Je te fais courir un grand risque. Si on te voit avec moi…

– Qu'est-ce que je peux faire alors ?

– Il n'y a qu'une solution. Il faut retrouver l'or au plus vite, avant que ces deux gredins ne disparaissent.

L'employé de mon père avait visiblement beaucoup d'informations que je ne possédais pas. Je l'ai laissé terminer sans l'interrompre.

– Ils vont sûrement poursuivre leur route vers l'ouest, mais la première ville est à plusieurs jours de cheval et il est bien trop risqué de prendre le désert sans chargement de vivres. Le prochain convoi de chariots bâchés va arriver d'un jour à l'autre. Dès qu'il repartira, ils s'en iront aussi.

J'ai réalisé qu'il évoquait le convoi dont l'épicier m'avait parlé le matin même.

– J'ai compris, Ulysse. Je dois donc mettre la main sur l'or avant l'arrivée des chariots.

– C'est le seul moyen de nous innocenter, Ted et moi. Mais c'est dangereux, Madeline...

– Tu dis que c'est à la rivière que je trouverai ces deux fripouilles ?

– J'ai dit que c'était dangereux.

C'était dangereux. Ulysse avait raison. Mais assurément moins que de devoir survivre dans les collines comme une bête traquée. Moins que d'attendre de connaître son sort dans la cellule du marshal, comme Ted.

En résumé, ma situation était de loin la moins dangereuse.

CHAPITRE

5

La rivière s'écoulait au sud, de l'autre côté de Spruce Creek. Comme l'avait précisé Mme Lancaster, elle donnait de moins en moins d'or, et de nombreux candidats à la fortune l'avaient désertée. Néanmoins, sa légende attirait encore les plus obstinés et, dès l'arrivée du printemps, quelques tentes s'éparpillaient sur ses berges. Ulysse avait entamé une description rapide des deux suspects, puis il avait finalement établi que je les identifierais sans peine. En effet, quand je suis arrivée à la rivière, il était difficile de les manquer.

Coiffés d'un chapeau en feutre à couronne plate, nos supposés hors-la-loi jouaient sur leur ressemblance. Tous deux portaient une longue barbe rousse à peu près identique, et se distinguaient des chercheurs d'or par un détail stupéfiant : ils ne cherchaient pas. Ils ne faisaient même pas semblant. Tandis que

d'autres passaient la rivière au tamis, les manches remontées et les genoux fléchis, eux étaient étendus sur la terre humide, le chapeau posé sur le visage pour masquer le soleil. En plein milieu de la matinée, ils dormaient.

Leurs montures étaient attachées à un arbre situé légèrement en retrait du cours d'eau, près de l'endroit où était plantée leur tente. Je me suis avancée sur la pointe des pieds. Délicatement, tout en caressant la croupe du premier cheval, j'ai soulevé le rabat de la fonte de sa selle. J'ai passé la main à l'intérieur, puis j'ai tâtonné : il n'y avait rien. Mais alors que je me reculais dans l'idée de le contourner, une voix a claqué dans l'air.

– Mademoiselle Barrow !

Une voix très autoritaire. J'ai retenu mon souffle et j'ai cessé de bouger. Ma tête s'est inclinée lentement sur la gauche, l'air faussement innocent. Puis je me suis retournée. Face à moi, il y avait le visage émacié du marshal, pommettes saillantes et cheveux peignés sur le côté. Sa chemise écrue tranchait avec la noirceur de son veston, et de sa ceinture dépassait la crosse d'un révolver.

À ses côtés se dressait la silhouette d'un homme aux cheveux longs et à la moustache discrète, qui ressemblait à ces trappeurs en retraite revenus à la civilisation. Il portait un chapeau à bords larges et avait lui aussi une arme à la ceinture. M. Sparkle, son fidèle adjoint.

J'aurais pu tenter une grossière excuse. J'étais une pauvre fermière abandonnée par son père et privée de ses employés. Je n'étais pas dégourdie pour un sou, mon cellier était vide, et je craignais de n'avoir bientôt plus rien à manger. Alors fouiller les selles des voyageurs m'avait paru la meilleure solution pour dégoter une tranche de lard ou quelques fruits séchés. Hélas, cette idée-là ne m'a même pas traversé l'esprit. Bien au contraire, j'ai désigné les deux barbus qui venaient juste de se réveiller, alertés par la voix forte de l'officier :

– Voilà vos détrousseurs, marshal. Vos pépites d'or sont par ici, je vous le garantis.

Il a observé un instant les deux hommes à l'allure dégingandée, avant de me lancer :

– Bien essayé, jeune fille. Mais si tu veux aider la justice, dis-moi donc où ton père cache le fugitif.

– Mon père ? Il a quitté la ferme hier matin.

Là, il a fait deux pas vers moi.

– Dans ce cas, c'est toi qu'il me faut suspecter.

– Ulysse n'a rien d'un voleur ! j'ai protesté, sans me démonter.

– Allons bon, il s'est enfui sous mes yeux ! À ta place, je me méfierais à présent. Il est peut-être armé.

Pour l'apitoyer, j'ai étouffé la colère qui enveloppait ma voix.

– Fouillez cette tente, marshal. Je vous en supplie.

– Je n'en ferai rien. Faudra-t-il que je mette en joue tous les pauvres bougres de la ville sur les soupçons d'une gamine ? Rentre chez toi, attends le retour de ton père. Et que je ne te revoie pas ici.

Les deux brigands nous avaient rejoints autour des chevaux, sans dire un mot. Ils époussetaient leur chemise en écoutant avec flegme les paroles du marshal. Soudain, alors que celui-ci retournait sur ses pas, son adjoint s'en est mêlé et, à ma grande surprise, il a formulé une autre proposition :

– Qu'à cela ne tienne, marshal. Si la jeune fille est aussi sûre de son fait, il vaudrait peut-être la peine d'y jeter un œil. Et si elle a raison, il devrait être aisé de récupérer votre or. Que diriez-vous d'une petite vérification ?

Bien qu'étonné, le marshal a semblé acquiescer.

– Bon. Après tout, si ces messieurs n'y voient pas d'inconvénient…

Les voleurs ont échangé un regard hébété. Comme ils ne répondaient rien, j'ai préjugé que ces deux-là n'étaient pas des plus futés. Mais peut-être était-ce une stratégie pour nous le faire croire. Je ne devais surtout pas tirer de conclusions trop

vite. Ils ont posé avec précaution leur chapeau sur la selle des chevaux, ôté leur gilet, retroussé leurs poches. L'adjoint a tâté dans les fontes et ouvert la tente, laissant au marshal le soin de la visiter. Celui-ci a secoué le linge et déplacé tous les bibelots qui s'y trouvaient. Une fois l'inspection terminée, il s'est d'abord excusé :

– Bien. Messieurs, pardonnez à cette jeune fille le tort qu'elle vous a causé.

Le marshal n'avait pas trouvé la moindre poussière d'or. Rien du tout.

Alors, cette fois, j'ai suivi ses recommandations. Devant ses yeux sévères, je n'ai eu d'autre choix que de repartir chez moi.

De retour à la ferme, j'ai constaté que mon père n'était toujours pas rentré. J'ai repensé à l'histoire de ce convoi qui devait arriver. Je ne pouvais pas mettre en doute la bonne foi d'Ulysse, et il était hors de question que je perde plus de temps. Qu'aurait fait mon père ? Il n'aurait pas abandonné, en tout cas. Si Ulysse disait vrai au sujet des deux bandits, leur magot était à l'abri dans un endroit secret...

... Et je n'avais plus que quelques heures pour le dénicher.

CHAPITRE

6

Ulysse est réapparu au début de la nuit suivante. Je n'avais pas encore fermé l'œil lorsque la porte de la grange a grincé. Je n'ai pas voulu prendre le risque de le faire entrer dans la maison, car de la ville quelqu'un aurait pu voir la lumière de notre ferme isolée. Je lui ai apporté à manger et de quoi se rafraîchir.

– Alors ? m'a-t-il demandé avant même d'y toucher.

– Ces fripouilles ont caché l'or quelque part. Dans un trou, dans un arbre… comment savoir ?

– Ils ne seraient pas aussi imprudents. Je suis certain qu'ils l'ont mis en sécurité. Ils doivent avoir un complice, un habitant de Spruce Creek.

– Mais qui ?

Est-ce que ce pouvait être l'épicier ? le fabricant de selles ? ou quelqu'un à qui je n'avais pas encore pensé ? Tandis que j'y réfléchissais, un désordre sourd est arrivé à nos oreilles. Des voix lointaines, des hennissements de chevaux. Quelque chose d'inhabituel, à n'en pas douter. Je suis sortie de la grange et j'ai plissé les yeux dans l'obscurité.

Au milieu de la ville, des lumières trahissaient une agitation. Et cette agitation annonçait une terrible nouvelle.

– Nous sommes perdus, a déclaré Ulysse. Le convoi de ravitaillement vient d'arriver.

– Quand est-ce qu'il repartira ?

– Demain matin, au lever du jour. Pauvre Ted...

– Non, Ulysse, j'ai objecté en marchant vers l'écurie. Ted n'est pas perdu, et toi non plus. Je crois qu'il y a quelqu'un là-bas qui peut nous aider.

J'ai rejoint la ville au galop. Là, adossée à une façade, j'ai attendu dans la pénombre que s'ouvre la porte du saloon. Si le marshal me trouvait ici, il aurait deux motifs pour m'arrêter : premièrement, je n'avais aucune raison de déambuler seule en pleine rue à une heure si tardive, et deuxièmement, la fréquentation du saloon n'était pas autorisée aux filles de mon âge. Lorsque les convoyeurs sont arrivés, Mme Lancaster est sortie à leur rencontre. L'un après l'autre, ils ont retiré leur chapeau et ont franchi le seuil, tapant leurs bottes encrottées sur la terrasse en bois. Alors que la tenancière s'apprêtait à fermer la marche, j'ai surgi de mon repaire.

– Mais que… qu'est-ce que tu fais encore ici ? a-t-elle bafouillé sous l'effet de la surprise. Ce n'est pas un lieu pour une gamine !

Je n'allais sûrement pas faire marche arrière maintenant. Je me suis approchée pour pouvoir lui parler tout bas.

– Madame, j'ai retrouvé les voleurs de pépites. Les vrais. Ce sont deux brigands débarqués il y a quelques jours.

– Et comment le sais-tu ?

– Peu importe, madame, je le sais. Et je compte bien le prouver. Mais il y a une troisième personne. J'ai besoin de vous pour la démasquer.

– Je ne suis pas détective. Qu'est-ce que tu attends de moi, ma fille ?

– Eh bien… il paraît qu'on remarque des choses quand on tient un établissement comme le vôtre…

Elle a saisi mes épaules. Puis elle a sondé le fond de mes yeux avec insistance, avant de se décider à parler.

– Peu de gens sont au courant que le marshal possède de l'or. C'est un secret bien gardé. Si ces deux hommes venaient d'arriver, ils ne pouvaient que l'ignorer. Alors…

– Alors qui avait intérêt à le leur dire ?

Elle a descendu une marche.

– Il s'est passé quelque chose ici. Chaque soir, les hommes de la ville viennent boire du whisky et jouer aux cartes, jusque tard

SALOON

dans la nuit. Il y a beaucoup d'argent en jeu. On y retrouve le banquier, le médecin, l'adjoint au marshal et quelques fermiers. L'adjoint a perdu très gros la semaine dernière. Une belle somme d'argent. Aussi a-t-il sans doute jugé nécessaire… de la remplacer.

– Ça ne peut pas être lui, madame. Ce matin, il était le plus empressé à chercher les pépites dans la tente de ces deux gredins.

– Tiens donc. Et qu'y avait-il dans cette tente ?

– Rien du tout. Ni dans la tente, ni dans leurs poches, ni même dans les selles des chevaux.

– Rien ?

– Nulle part.

La tenancière m'a souri malicieusement. Elle venait de me conduire à une déduction évidente.

– Mais bien sûr ! je me suis écriée. Si M. Sparkle était aussi déterminé, c'est parce qu'il savait à l'avance qu'il n'y trouverait rien. Et il le savait parce qu'il est leur complice !!!

– Ainsi, a-t-elle ajouté, il a innocenté ces filous aux yeux du marshal avant même qu'ils soient accusés.

Tous les indices nous conduisaient à la même personne. D'autant que l'adjoint était l'un des rares à connaître l'emploi du temps du marshal, et donc à savoir qu'il serait sorti à l'heure où le vol a eu lieu.

J'ai poursuivi le raisonnement de Mme Lancaster :

– Si M. Sparkle sait que les pépites ne sont pas dans la tente, il connaît forcément leur cachette. Vous feriez une marshal extraordinaire, madame !

– Tu ne te débrouillerais pas mal non plus. Hélas, je crois que ce rôle est réservé aux hommes.

Elle m'a adressé un clin d'œil. Les deux barbus avaient peut-être un complice, mais moi aussi désormais. Et j'étais plus confiante que je ne l'avais jamais été.

– Où habite l'adjoint ?

La dame a jeté un regard furtif à l'intérieur de la salle. Puis elle a désigné le petit escalier de bois attenant au mur du bâtiment.

– Pour l'instant, il est attablé au fond du saloon. Mais c'est dangereux.

– Vous dites que je peux accéder à sa chambre par là ?

– J'ai dit que c'était dangereux.

Je n'avais plus le temps de craindre quoi que ce soit. J'étais déjà au milieu de l'escalier lorsque Mme Lancaster a ajouté :

– Je te couvrirai. S'il s'apprête à quitter la table, je taperai trois fois au plafond avec le manche de mon balai.

CHAPITRE

7

J'ai refermé la porte derrière moi. La pièce était dans la pénombre car la fenêtre sale tamisait le clair de lune. Une malle et un petit bureau étaient positionnés autour du lit. Ce bureau m'a d'abord paru une cachette crédible. Après avoir retourné le gobelet et la cruche vide posés dessus, j'ai ouvert le tiroir pour tomber sur un document intéressant : un avis de recherche dévoilant deux visages. Barbus. Familiers désormais. Surmontés d'informations en lettres capitales.

J'ai replié l'affiche et l'ai rangée dans ma poche. Je détenais à présent la preuve que M. Sparkle connaissait l'identité de ces brigands. Ne restait plus qu'à fouiller cette pièce de fond en comble, pour mettre la main sur leur butin.

La malle m'a donné du fil à retordre, son couvercle pesait plus lourd que les jougs en bois que mon père place sur l'encolure des vaches. Elle contenait des vêtements soigneusement pliés. Hélas, aucun bourrelet ne présageait ici la présence des pépites. Sans me décourager, j'ai laissé les paumes de mes mains courir sur le lit, puis sous l'oreiller (car si j'avais été un hors-la-loi, c'est à cet endroit-là que j'aurais dissimulé le trésor). Mais je n'ai pas trouvé la moindre trace de ce que je cherchais. J'ai soulevé le matelas. Rien. Pour finir, j'ai déplacé les boîtes de conserve sur l'étagère de provisions qui surplombait le bureau. Sans trop y croire. Je les ai repositionnées où elles étaient. J'avais eu raison de ne pas y croire.

J'ai soufflé de dépit. Je me suis assise un court instant sur le lit, en essayant de comprendre. Les pierres précieuses n'étaient donc pas dans la chambre de l'adjoint au marshal. D'après Ulysse, les vagabonds n'auraient pas pris le risque de les enfouir dans les collines. Elles n'étaient pourtant ni dans leur tente, ni dans leurs poches, ni dans les selles de leurs chevaux. C'était un problème sans solution. C'était fichu, Ulysse avait raison.

À moins que… ça alors, mais quelle idiote ! Comment n'y avais-je pas pensé plus tôt ?

Un souvenir venait soudain d'éclairer mon esprit… J'avais trouvé, j'avais enfin trouvé !

Mais au même moment, un coup sec a secoué le plancher. Puis un second, puis un troisième. Je me suis précipitée derrière la fenêtre qui donnait sur la rue. J'ai à peine eu le temps de voir un chapeau à bords larges et une chemise sombre s'engouffrer le long du mur que des pas rapides claquaient sur l'escalier d'à côté. J'ai refermé le tiroir du bureau, puis j'ai ouvert la fenêtre en catastrophe et enjambé le montant. Dès que la porte de la pièce a grincé, mes mains ont lâché prise et mon corps tout entier a basculé dans le vide.

J'avais soulevé un nuage de poussière. Je me suis redressée aussitôt, avant de reculer jusqu'au mur du saloon. Au-dessus de ma tête, j'apercevais le contour incurvé du chapeau de l'adjoint. Puis d'un seul coup, plus rien. La fenêtre s'est rabattue et, par un souffle profond, j'ai expulsé un râle de soulagement.

Avant de rejoindre Mme Lancaster pour lui faire part de mon audacieux raisonnement, j'ai voulu m'assurer que le danger était écarté. Que le silence était revenu. J'écoutais mon cœur battre à l'allure d'un lièvre en fuite lorsque, tout à coup, un cri affreux a résonné au loin. Il provenait du campement des chercheurs d'or.

La porte du saloon a claqué et, en une poignée de secondes, une vingtaine d'hommes ont envahi la rue. À sa fenêtre, le visage de l'adjoint était réapparu,

RAAAAH!!

stupéfait. Les clients les plus téméraires se sont engagés entre les baraques, puis ont avancé prudemment à travers les herbes sèches de la plaine.

Mme Lancaster a attrapé mon bras, pour me défendre de les suivre.

– Pas un pas de plus, ma fille.

Mais j'avais découvert la solution de l'énigme.

– Laissez-moi, madame, c'est là-bas que l'histoire se termine.

Je me suis extirpée facilement. Elle avait dû lire ma conviction dans mes yeux. Personne ne me retiendrait plus car mon enquête devait trouver son issue à l'endroit où tous ces hommes se dirigeaient : au bord de la rivière.

CHAPITRE

8

Mme Lancaster m'a suivie. À notre arrivée, le bruit de l'eau était couvert par la fureur d'une voix : celle d'Ulysse, qui tenait fermement l'un des voyous, le bras enroulé autour de son cou. Le second, étendu au sol près de sa tente renversée, se relevait péniblement. Il avait l'air encore sonné. Sans doute inquiet de ne pas me voir revenir, mon ami avait voulu se faire justice en se rendant au campement des suspects. Mauvaise idée. L'épicier, le sellier, les habitués du saloon et d'autres curieux réveillés par l'agitation s'étaient rués hors de la ville pour se rassembler en arc de cercle autour de la scène.

Ulysse les observait, chavirant d'un visage à l'autre. Et puis il m'a distinguée, au milieu de l'attroupement éclairé par quelques lanternes.

– Navré, Madeline, mais il est trop tard pour parlementer !

Soudain, les gens se sont écartés pour laisser s'avancer le marshal, que son adjoint venait d'alerter.

– Allons, mon garçon, libère ce malheureux.

– Je ne peux pas, marshal. Je veux la vérité.

– Crois-tu que c'est en l'étouffant qu'il te la donnera ?

Sur ces mots, Ulysse a relâché sa prise. Puis il s'est accroupi contre l'arbre, dans

la même posture que lorsque je l'avais découvert dans le coin de la grange.

À mon tour, je me suis avancée. Et lorsque le bandit a voulu récupérer son chapeau tombé dans la bagarre, il s'est aperçu que je l'avais déjà entre mes mains. Je l'ai brandi bien haut, ce chapeau, à la vue de tous les hommes rassemblés. Et de Mme Lancaster.

– Marshal, pourrais-je aider la justice, comme vous me l'avez proposé ?

Le voleur s'est reculé. Quant au marshal, je crois qu'il n'avait même pas noté ma présence dans la foule. Il s'est tourné vers moi.

– Décidément, jeune fille, on peut dire qu'on te trouve toujours là quand il ne faut pas.

– J'en suis moins sûre que vous, cette fois-ci.

J'étais toute retournée : était-ce bien moi, Madeline Barrow, qui osais parler sur ce ton à un homme de loi ?

– Les deux coquins que vous avez devant vous sont les frères McNamara.

Je tenais dans l'autre main l'avis de recherche récupéré dans le tiroir de M. Sparkle.

– Ils figurent parmi les brigands les plus recherchés du Colorado. Ils croyaient n'être connus de personne en arrivant ici. Sauf qu'un homme de la ville avait eu vent de leur réputation, et il s'est bien gardé de vous en parler, marshal. Cet homme, c'est votre adjoint.

Le marshal a levé sa lampe en direction de M. Sparkle, qui semblait soudain tétanisé.

– Il avait perdu beaucoup d'argent au jeu de cartes. Beaucoup trop. Alors il a eu l'idée de conclure un pacte avec ces deux voyous. Il leur indiquerait l'emplacement d'un joli trésor, et en échange de son silence et de sa protection, les frères McNamara lui laisseraient une grosse somme avant leur départ.

– Et où se trouverait-il maintenant, ce trésor ?

J'ai tendu l'avis de recherche au marshal, pour lui prouver ma bonne foi. Mais jusque-là il n'avait pas l'air franchement convaincu. C'est normal, il manquait un acteur à ma démonstration. En tournant à l'envers le chapeau que j'avais dans les mains, j'ai interpellé son propriétaire.

– Vous permettez, monsieur McNamara ? M. Sparkle a oublié de fouiller ce petit coin là.

L'adjoint venait de comprendre. Il a défait sa ceinture, puis l'a jetée aux pieds du marshal. J'ai poursuivi mon récit :

– M. Sparkle a eu de la chance : le hasard lui a offert deux faux coupables sur un plateau. Mais il fallait faire disparaître l'or. Et vous reconnaîtrez qu'il est difficile de cacher un butin dans une si petite ville où tout se voit, où tout se sait très vite. C'est ici que le dernier complice intervient.

Devant les regards stupéfaits de l'assistance, j'ai mis ma main à l'intérieur du chapeau. J'ai tiré fort, arraché les coutures, et j'ai sorti un morceau de cuir tout rond.

– Coudre une belle rondelle de cuir, ça ne prend que quelques minutes. N'est-ce pas, monsieur Oakes ?

Le marshal était interloqué. Et le sellier, complètement déconfit.

– C'est pratique de savoir coudre le cuir. Ainsi, un bon sellier peut raccommoder

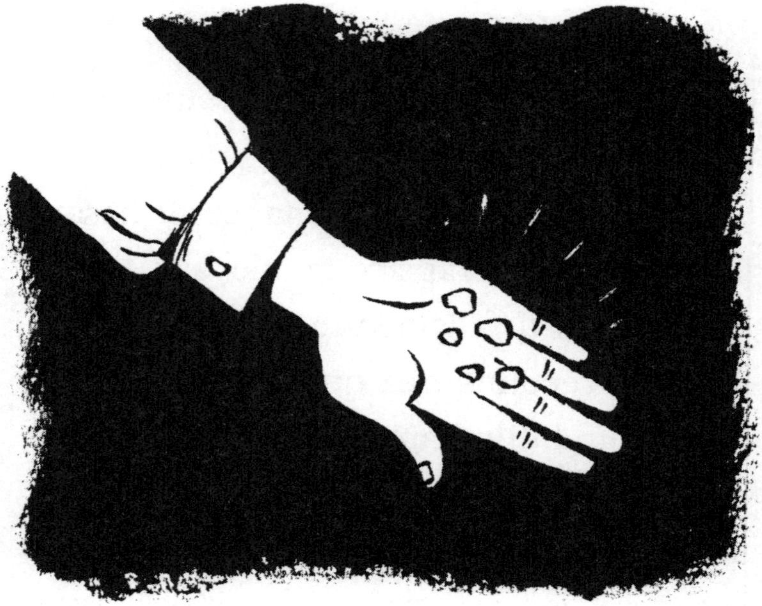

les pantalons troués, ou fabriquer une cache dans les calottes des chapeaux. Après le vol, nos deux frères sont retournés à leur campement où M. Oakes les attendait pour mettre leur plan à exécution. Il a placé les pépites dans leur chapeau puis, d'un coup d'aiguille, il a refermé le fond de calotte factice. Et le tour était joué.

En guise de conclusion, j'ai enfoui ma main jusqu'au fond, et j'en ai extrait cinq belles pépites d'or. Une rumeur de stupéfaction s'est propagée.

Immédiatement, M. Sparkle s'est extirpé de l'assistance en provoquant une grande bousculade. Il s'est mis à courir vers la berge, sans noter que Mme Lancaster se tenait juste là, un peu à l'écart, dans l'obscurité. Elle a tendu le pied, et l'adjoint a basculé la tête la première dans la terre argileuse. Quelques ricanements irrépressibles sont sortis de la foule. Voilà comment le sournois M. Sparkle s'est vu humilié aux yeux des habitants de Spruce Creek.

Quant aux frères McNamara, on peut dire qu'ils avaient été tout près du coup parfait, mais leur cavale s'achevait ici. Il me restait tout de même un mystère à dénouer dans cette curieuse affaire.

– Ce que je ne comprends pas, monsieur Oakes, c'est comment vous avez pu vous retrouver dans cette histoire…

– C'est moi, a reconnu l'adjoint du marshal. J'ai entraîné Oakes dans ma ruine, à force de lui emprunter de l'argent pour le miser au poker. Si les pépites avaient été découvertes, je n'aurais jamais pu lui rendre sa part. Il n'avait donc pas d'autre choix que de nous aider à les dissimuler.

– J'ai honte, marshal, a ajouté le sellier. Si vous saviez comme j'ai honte.

– Pas autant que moi, a rétorqué le marshal en fixant des yeux son adjoint.

CHAPITRE

9

Au petit matin, avec Ulysse et Mme Lancaster, nous attendions en ville le retour de Ted Lockley. Il est revenu en homme libre, escorté par le marshal. Ce dernier s'est d'abord adressé aux deux employés de mon père.

– Messieurs, vous avez été injustement accusés, et c'est au courage de cette jeune fille que vous devez votre liberté. Pour me racheter de mes erreurs, j'aimerais que vous acceptiez ce cadeau.

En dépliant un carré de tissu, il a découvert deux pépites d'or. Une pour chacun d'entre eux.

– Conservez-les précieusement, on ne sait pas ce qui peut arriver. Quant à toi, Madeline, j'ai une proposition à te faire…

Tout à coup, des meuglements ont interrompu le marshal. Venu des collines, un troupeau bien ordonné s'avançait dans la vallée, croisant le convoi de chariots qui s'éloignait sur le chemin de la Californie. Le cavalier qui menait ce troupeau s'est détaché pour galoper à notre rencontre.

Lorsqu'il est descendu de son cheval, il m'a à peine laissé le temps de m'exprimer.

– Papa !

– Madeline, peux-tu m'expliquer pourquoi personne ne surveille la ferme ? Moi qui te faisais confiance… !

J'ai baissé la tête. Par habitude, sans doute. J'attendais toujours que la colère soit passée avant de répondre à mon père. Mais l'homme en noir m'a devancée, cette fois :

– Monsieur Barrow, si vous ne voulez plus de votre fille à la ferme, j'ai justement une idée. Madeline est un peu jeune, mais il y a un poste d'adjoint à pourvoir et... dans les plus brefs délais !

Mon père a tourné la tête dans ma direction. Il ne comprenait pas. Devant son expression hébétée, Ted, Ulysse et Mme Lancaster ont éclaté de rire. Et moi, eh bien... j'étais un peu ennuyée.

– C'est très gentil, marshal. Mais cette fois, je vais écouter les conseils qu'on m'a donnés. Faire justice, c'est dangereux, on me l'a assez répété, et... j'en connais qui passeraient leur temps à s'inquiéter. Alors je ne dis pas non, mais nous verrons d'ici quelques années.

En vérité, maintenant que nous étions réunis, je n'avais plus la moindre envie de quitter la ferme et mes amis. D'autant que désormais, j'avais l'intuition que mon père ne me verrait plus comme une petite chose craintive et obéissante.

C'était pour moi une immense victoire.

EXTRAIT DU CATALOGUE

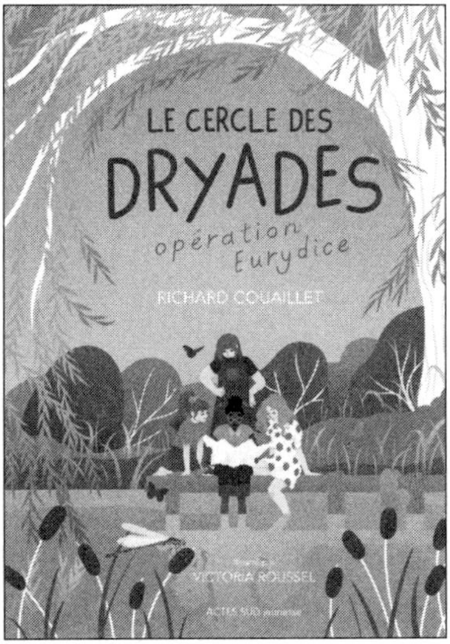

Une histoire d'amitié
sur le pouvoir
de l'engagement.

Une joyeuse tribu,
sans peur mais pas tout à fait
sans reproche !

"Faire des bêtises, rigoler
ou sauver le monde",
c'est la devise d'un clan
pas comme les autres.
On a tous en nous quelque
chose de cabossé !

Laissez passer !
Le Clan des Cabossés
revient pour une nouvelle
mission d'été.

En ce mois d'avril,
Gustave se sent soudain
emporté comme dans
un grand tourbillon.

Quand la maîtresse annonce
que leur camarade Timéo
est à l'hôpital, dans un état
grave, toute la classe
est choquée. Sauf Gustave,
qui n'arrive pas à être triste.

Un roman mené
comme une enquête
sur un des mystères
les plus fascinants
de l'égyptologie.

Un récit qui donne
un grand coup de pied
aux préjugés !

Un roman plein de tendresse
et de rebondissements,
où l'amitié, la cuisine
et l'optimisme des enfants
soulèvent des montagnes.

Amour, le chat de la famille,
a disparu. Comme ses parents
sont trop occupés à se disputer,
Édith prend en main
les recherches.

Éditeur : François Martin assisté de Corentine Marie
Directeur de création : Kamy Pakdel
Maquette : Christelle Grossin
 – ISBN 978-2-330-17719-5
Loi 49-956 du 16 juillet 1949 sur les publications destinées à la jeunesse.
Reproduit et achevé d'imprimer en février 2023 par l'imprimerie Normandie Roto Impression s.a.s. à Lonrai pour le compte des éditions ACTES SUD, Le Méjan, Place Nina-Berberova, 13200 Arles
N° d'impression : 2300287
Dépôt légal 1re édition : mars 2023 – Imprimé en France